身边汉字

聆听汉字之美

花草字传

Tales of the Words
for Flowers
and Grasses

四季群英

Blossoms of the Four Seasons

张一清 著
梁 艳 读

山东友谊出版社

梅

兰

菊

玫瑰

月季

杜鹃

荷

牡丹

芍药

扶桑

若木

茉莉

前言

我写这套书源于一个既偶然却又必然的机会。

央视新闻主播梁艳和我是参加《中国汉字听写大会》时的同事，她在现场是考官，我是嘉宾，就这样，我们逐渐熟识了。后来我们经常聊一些与汉字和文化有关的话题，我们的漫谈看似海阔天空，实则形散而神不散。我凭着一点还不算驽钝但也谈不上敏锐的领悟力，慢慢意识到应当把对汉字的感受与更多的朋友分享。

恰在此时，又有新老媒体都做得颇有心得的龙朝朝女士、浸淫美术和出版多年的姜海涛女士也加入了我们的漫谈。大家由于志趣相投，倒也省却了许多客套的环节。漫无边际之中，我们的谈话渐渐聚焦于几个问题：

第一，我们每天都离不开的汉字是怎么发展到今天的。

第二，表示我们身边大小事物的汉字跟这些事物本身有什么联系。

第三，我们应该如何把汉字中的内涵和中华文化意蕴告诉我们的后代。

说实话，每一个话题都不小，想要真正说清楚又谈何容易。好在我们几位都是比较务实的人，而且对我在汉字方面有几斤几两也都心中有数。因此，我们打算就从最常见的事和最常用的字入手，力争用文字、声音和图画联合呈现的方式，尽量传递汉字与中华文明的意韵与优美。

看一看我们身边的大千世界，花草树木无处不在，可是除了植物学家，我辈凡夫俗子对它们中的绝大多数大概是叫不出“姓名”的；而且就算对那些能知道名姓的“赤橙黄绿”，我们也不一定能真正了解这些称呼的来源和寓意。

对于自然界的万千植物，传统文化从多种角度都有过一些表述，如“人非草木，孰能无情”“落红不是无情物”等等。

以上两种看似矛盾的习惯用语和诗句，其实它们各自都有自身的针对性：前者强调人是“性情中人”，理应有情有义，其中也包括对自然万物的情与义；后者则彰显草芥也是有感觉、有情怀的生命体，同样需要人类的关注与尊重。

中华文明上下几千年，从古至今一向不缺乏寄情自然的人与事：“东篱采菊”的陶令，“梅妻鹤子”的林逋，守着十棵参差不齐古松怡然自得的白居易，还有宁可食无肉也要居有竹的苏东坡……无数先贤用他们体察、关爱自然的胸怀，在“菊、梅、松、竹”等汉字中镌刻真情与大爱，并给后人留下玩味和感动的空间与源泉。

另一方面，大自然的寻常之物若与人类相比，看似“心智”不全，实则“心地”善良。例如描摹谷穗下垂状态惟妙惟肖的“禾”字，原来是农作物扬花吐穗之后不忘根本，俯首向滋养、支撑自己的根部致意；而《诗经》中“常棣之华，鄂不韡韡。凡今之人，莫如兄弟”，则又给“萼（鄂）、不（跗、柎）”等字注入了浓浓的兄弟之情……看起来，大千世界处处有情，汉字之中韵味无穷。

本着上面这点粗浅认识，我们几个人讨论并形成了首先写一写汉字中的花草树木这样的思路。

承蒙山东友谊出版社的抬爱，他们拟议并通过了这个出版选题，而且协调精兵强将筹划实施出书事宜。在他们的大力支持下，这套小书最终得以问世。在此特别感谢为本书付出辛勤劳动的出版社编辑以及工作人员。

我们还要向《中国汉字听写大会》的总导演关正文表示敬意与谢意，敬重他坚持不懈推动汉字和中华文化的普及与传承，感谢他客观上为这套书的萌生提供了必要的机缘。

对于本套书引用到的大量古今经典，我们更是对创造它们的巨人、大师感念于心并满怀敬意。感谢他们用挺直的脊梁支撑起灿烂悠久的中华文明！感谢他们用坚实的肩膀支持着一代又一代人不断进步与创新！

我还要感谢我的太太胡明女士和女儿张牧笛小姐，因为她们是书稿的第一审阅者，她们向我提出了许多富有建设性的意见与建议，书稿中也凝结着她们的心血。

最后，我们也必须向本书读者表示由衷的感谢。因为你们的关注将是我们继续探究汉字与中华文化的不竭动力，特别是你们的批评与指正也必将使我们不断增长知识，并且和你们一道更好地传承我们中华民族绵延数千年的优秀文化。

张一清

2016 年 7 月

目录

扫描收听有声版

梅

méi

梅

“梅”这个字左边的“木”表示它的意思与草木有关，右边的“每”表示它的读音。“梅”的最初意思是指一种本来称作“枏”的树，例如《说文解字》的解释是“枏也”，《尔雅》的解释也是“枏”。

据考证，“枏”这个字与金丝楠木的“楠”相通，读音也是 nán 。这种树身形比较高大，树皮枝叶等都很像传说中的神树“豫章”。而根据西汉文学家东方朔的《神异经》，“豫章”这种树“其高千丈，围百丈，本上三百丈，本如有条枝敷张如帐”。可见，这样的树只能存在于传说或梦境中了。

另外，根据南北朝时期任昉的《述异记》记载，“黄金山有枏木，一年东

小篆

隶书

楷书

行书

梅花图
清
金农

荣西枯，一年西荣东枯”。因此，他说汉代著名谋士张良的十六世孙，西晋文学家、藏书家张华曾把这种树称为“交让木”，意思是这种树天然形成东西两半轮流生长和休眠的状态。

由于“楳”木的果实“似杏而酢[①]”，也就是形状像杏而味道有点酸，其特点与梅子十分相似，所以“梅”后来就被用来指梅树了，而且一直沿用至今，其最初表示“楳”的意思反而只留存在了古代。

自从有了表示梅树的意思，“梅”就成为中国传统文化中一种非常重要的标志物。四君子梅、兰、竹、菊以物喻人，展示的其实是卓然不凡的人品、人格。而“郎骑竹马来，绕床弄青梅”“青梅煮酒论英雄”中的“青梅”，则又展现出“梅子”既是儿时玩伴间的嬉玩之物，又是成年后纵论天下豪杰的助兴佳酿。

① 这个字实际上最初是“醋”的意思，而“醋”最初反而表示“酬酢”的意思，具体是指宾客举杯回敬主人。这两个字在发展过程中出现了“乌龙”事件，彼此张冠李戴了。现在，日文中的“酢”仍然表示“醋”，明显保留了古代汉语的痕迹。

梅

梅下横琴图
明
杜堇

例如“绿蚁新醅②酒，红泥小火炉”，读来仿佛真的会让人眼前浮现出泛着细碎碧绿泡沫的梅子酒，鼻端飘过坛中佳酿的清香，在瑞雪降临的傍晚，身心都沐浴在炭火与亲情、友情的温暖之中。此景此情，如果置身其中，想必杯未举时，已然酒不醉人人自醉。

② 这个字读 pēi，最初意思是饮酒过量、酒足饭饱，后来也指未经过滤的酒。这两句诗出自唐代大诗人白居易的《问刘十九》。

象牙雕岁寒三友笔筒
明

缂丝梅鹊图
南宋
沈子蕃

再行一步

由此可见，传统文化中的“梅”，既有如梅花般清雅的意象，能够满足文人雅士的审美情趣；也有如梅实般芳馨的性状，能够满足一众亲友的口腹需求。

当然，提到“梅”，人们首先想到的一定还是春寒料峭中枝头绽开的点点朱红，例如陆游的“闻道梅花坼[3]晓风，雪堆遍满四山中”，宋代词人杨无咎的“梅英粉淡，柳梢金软”。这些咏梅的佳句就如同傲然的梅枝卓立文坛，众口相传。然而，从古至今，若论咏梅的桂冠，必定非宋代诗人林逋莫属。“众芳摇落独暄妍，占尽风情向小园。疏影横斜水清浅，暗香浮动月黄昏。”林氏这首诗历来被众多文人巨匠视为咏梅的典范。

而林逋之所以能够触及“梅”的风骨与神髓，主要得益于两点：一是他本人在杭州孤山种梅、养梅；二是他终生未娶，一生与梅花、仙鹤为伴。因此，他得以近距离、长时间打量和琢磨“梅”的品性，而且由于没有尘世牵挂，所以他对身边的梅、鹤专注程度极高，并当之无愧地享有了“梅妻鹤子”的美名。

③ 这个字读 chè，最初意思是大地裂开，后来也指一般意义上的裂开，在这里则形容梅花能够穿破拂晓的寒风。

梅

梅花双鹤图
明
徐熙

不过，据当代一些学者研究，林大师曾有一首温婉怅然的诗作，似乎是对一段情、一个人的慨叹，于是推断诗人并非忘却儿女情长之辈。另外，也有人说诗人当年只种了一株梅，而不是传说中的一园梅。其实，如果暂且放下历史考据的观念，“舞台小世界，世界大舞台”，只要心中有“梅”，墙角数枝亦是“香雪海”；如若心中无“梅”，寒英[4]遍野又如何？

④“寒英”既可以表示梅花，也可以指雪花。例如柳宗元《早梅》：“寒英坐销落，何用慰远客。”还有范仲淹《依韵和提刑太博嘉雪》：“昨宵天意骤回复，繁阴一布飘寒英。”

兰

lán

蘭

“兰”这个字以前写作“蘭”，上边的“艹”表示它的意思与花草有关，下边的“阑”表示它的读音，上下合在一起最初表示一种气味芬芳的香草。例如《周易》中“同心之言，其臭[1]如兰”，意思是志同道合的言论，就像香草的气味一样令人愉悦；还有《楚辞》中“纫秋兰以为佩兮”，说的则是把香草编织在一起做成配饰。

后来，“兰”也指供人观赏的植物“兰花”，如剑兰、鹤顶兰、君子兰等。

“兰”是中国传统文化中一种十分重要的标志物，属于梅、兰、竹、菊“四君子”之一。孔夫子对它的评价是：“芝兰生于深林，不以无人而不芳；君子修

小篆

隶书

楷书

行书

① 这是个多音字，表示一般气味的时候，读 xiù。例如“乳臭未干”的意思是小婴儿身上带着很浓的奶味，而不是说孩子身上有难闻的臭味。当然，这种说法后来更多用来表示对人幼稚言行的一种轻蔑。

绀青漳绒整枝兰花女夹袄
清

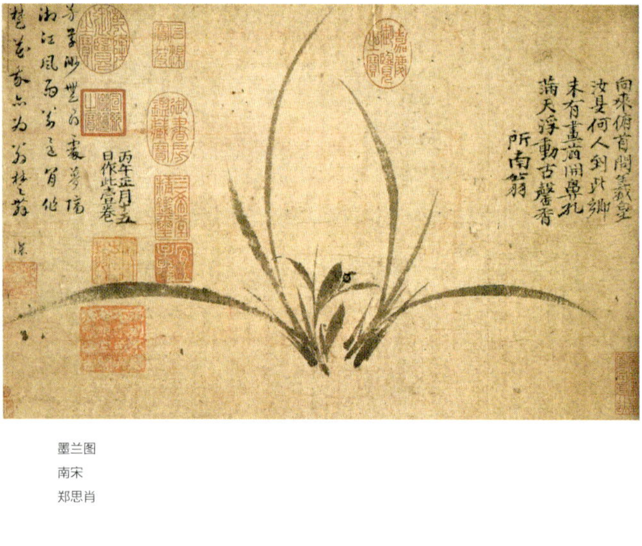

墨兰图
南宋
郑思肖

道立德，不为穷困而败节。”他还说：“与善人居，如入芝兰之室，久而不闻其香，即与之化矣。”很显然，孔子对这种植物是青眼有加的，他把兰花的盛开并不受环境和独处的影响，并且还能营造环境同化他物的特性概括得淋漓尽致。尤其是他借“兰”喻人，更是把“兰”提升到了“君子”和“善人”的高度。

由于“兰”具有这么美好的含义，所以许多包含它的词语意义也都非常美，如“兰客”指的便是人品上佳的好友，例如唐代浩虚舟《陶母截发赋》：“原夫兰客方来，蕙心斯至。”而“蕙质兰心”表示的则是女子心地纯净、本性善良、品行高雅，例如宋代柳永《离别难·花谢水流倏忽》：“有天然，蕙质兰心。美韶容，何啻[2]值千金。”

② 这个字读 chì，意思是“仅仅、只有”。它常常用在“不”的后面，“不啻”的基本意思是“不止、不只；如同”等，例如《红楼梦》：“寡母独守此女，娇养溺爱，不啻珍宝。”

虽然寓意美好，但是在日常使用中，“兰”却是很容易用错的一个字，有些

兰花蝴蝶花
清
恽寿平

蘭

秋兰绽蕊图
南宋
佚名

人常常用它代替表示颜色的“蓝”。诚然，“蓝”在最初也表示一种称作“蓼③蓝”的植物，但是，它后来由于那种植物具有染色作用而发展出来的“蓝色”意思反而更常用，例如“青出于蓝而胜于蓝”。相比之下，“兰”却从来没有从植物的本源再发展出表示颜色的含义。因此，“兰”并不具备代替“蓝”的基础和条件。

③ 这个字读 liǎo，是一种一年或多年生草本植物的统称，多生长在水边，叶片有辛辣味，可以用来调味。

兰花
明
项圣谟

再行一步

另外，在字词的日常应用中还有一些容易让人误解的问题，表面上也与“兰”相关。比如我们常常把手和手指的某种姿势称作“兰花指”，而这种手势主要来源于佛门庙宇中俯视众生的菩萨等。

佛教中有一个很常见的说法——兰若。遇到这个词语的时候，或许大多数人都会读错，因为其中的“若”由于是梵文的音译，所以要读作 rě。

“兰若”是“阿兰若”的一种省略，在梵文中的意思是“空寂之处、闲静之处、森林”等。由于佛门弟子常常要在远离尘世的地方修行，所以这个词语在佛教中就有了“寺院、庙宇”等含义。此外，佛教中还将“极其客观地了解万般事物的那种智慧”称作“般若”，这种说法由于也是音译，所以要读作 bō rě。

“兰若”在我国古代也指“石兰”和“杜若”这两种香草，例如唐代诗人陈子昂就曾用“兰若生春夏，芊蔚④何青青”吟颂它们。当然，在这种情况下，“若”还是要读作 ruò。

④“芊”读作 qiān，意思是草木茂盛的样子。“蔚”也有草木茂盛的意思。因此，“芊蔚”的意思还是草木茂盛的样子。

乾隆皇帝文殊菩萨像
清
郎世宁

“杜若”在我国传统文化中更是大名鼎鼎，屈原在《楚辞》中就曾经多次提到这种寓意清雅、高洁的芳草，例如“采芳洲兮杜若”“山中人兮芳杜若”等。

后来，虽然从植物学意义上的确也出现了一种称作“杜若”的植物，其名称又作“地藕、竹叶莲”等，但是，这种植物据一些人研究却并不是我国传统文化中那种能够散发出芳香气味的“杜若”。

扫描收听有声版

菊

jú

菊

“菊”上边的“艹”表示它的意思与花草有关，下边的“匊[1]”表示它的读音，上下合在一起表示一般都在金秋时节开花的那一类植物。

《礼记·月令》中说季[2]秋时节：“鞠有黄华。”“鞠”在古代有“穷尽”的意思，例如《尚书·盘庚》中“尔惟自鞠自苦”，大致意思是“你们挖空心思庸人自扰”，或者说“自绝后路而自寻烦恼”。因此，李时珍在《本草纲目》中论及“菊”的时候，就引用并解释了“鞠有黄华”的意思是“菊花”开在晚秋时节，所以就选择了与“鞠”字形、读音相近的“菊”来命名这种植物。

在梅、兰、竹、菊“四君子”中，“菊”

小篆

隶书

楷书

行书

① 这个字读 jú，意思是用双手捧。后来表达这种意思又产生了“掬”这个字，而且后者还成为更加常用的一种字形，前者反而进入了一种冰封状态。

② “季”这个字上边是“稚”的省略，下边是“子”，合在一起最初表示最小的弟弟妹妹。后来它就有了在某种序列中排在末尾的意思。因此，就季节而言，一般分作“孟、仲、季”三段，“季秋”指的就是秋季的最后一段。“季春”“季夏”“季冬”与此类同。

菊花扇面
清
恽寿平

朱紹宗菊叢飛蝶

菊丛飞蝶图
南宋
朱绍宗

陶潜赏菊图
明
赵令穰（传）

最突出的特点是盛开在百花之后，因此就显现出萧瑟秋风奈我何的气度。比如历史上就曾有黄巾军首领黄巢豪气万丈的“待到秋来九月八，我花开后百花杀”的诗句。

当然，若论古代爱菊、咏菊的圣手，肯定非桃花源中怡然自得的陶令莫属了。陶渊明的“采菊东篱下，悠然见南山”是万古传诵的不朽诗句。也正是由于这个原因，后世文人就常用“东篱”表示种植菊花的地方，也就是菊圃，例如宋代柳永《玉蝴蝶·重阳》：“西风吹帽，东篱携酒，共结欢游。”再如李清照《醉花阴·薄雾浓云愁永昼》③：“东篱把酒

③ 据说李清照这首《醉花阴》还激起了其夫君赵明诚的争胜欲望。但是他冥思苦想、绞尽脑汁填词数阙，结果自己都觉得无论词句还是意境，都远不及妻子的这首神来之作。

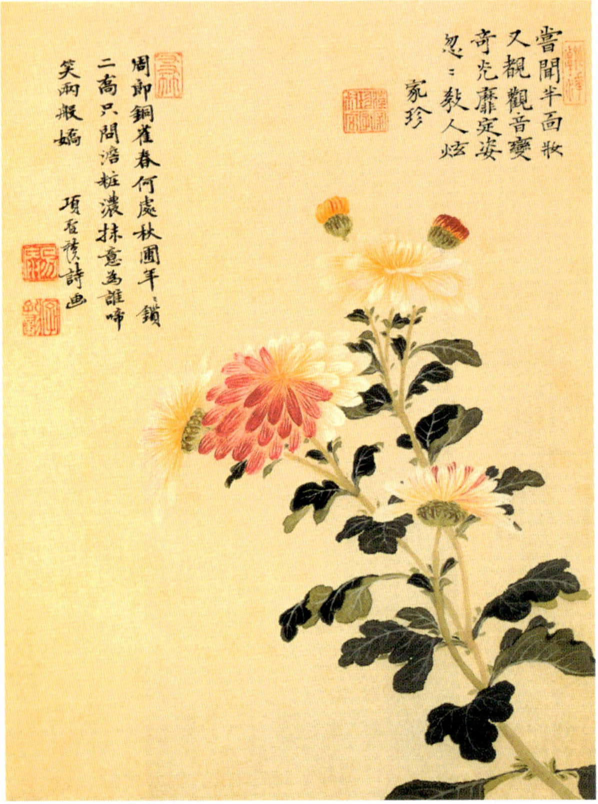
嘗聞半面妝
又覩觀音變
奇光靡定姿
忽〻教人炫
家珍
周郎銅雀春何處秋園半〻鎖
二喬只問澹粧濃抹意為誰啼
笑兩般嬌
項聖謨詩畫

花卉册页 菊花
明
项圣谟

黄昏后，有暗香盈袖。”

此外，元曲大家马致远由于仰慕千年前的圣贤陶渊明，还自号“东篱”，例如他的作品《般涉调·哨遍·半世逢场作戏》：“白发劝东篱，西村最好幽栖，老正宜。”这个作品表达了戏曲家在经历了意气风发、求取功名的青壮年之后，中老年时归隐田园、追求恬淡闲适生活的意趣与理念。

紫砂黑漆描金菊花壶
清

瓶菊图
清
虚谷

再行一步

年少时的好奇，青年时的雄心，中年时的沉稳，老年时的安适……人生的每一个阶段其实都有各不相同的精彩。当然，对于任何人来说，能够从幼小走向成熟，再由成熟步入通达、耳顺[④]的晚年，这无疑是修来的福气。

夕阳晚照，桑榆暮景，“日既暮而犹烟霞绚烂，岁将晚而更橙橘芳馨”[⑤]。这唯美的暮年画卷其实还和菊花曾经有过某种渊源。

“菊潭”是我国古代一处十分著名的水源，它位于今河南省境内西峡县丹水镇菊花山。据史书记载，菊潭清澈见底，水质清甜甘美，晋代葛洪《抱朴子·内篇》载：“南阳郦县山中有甘谷水，谷水所以甘者，谷上左右皆生甘菊，菊花堕其中，历世弥久，故水味为变。其临此谷中居民，皆不穿井，悉食甘谷水，食者无不老寿，高者百四五十岁，下者不失八九十，无夭年人，得此菊力也。”可见，这泓清水是真正的“寿泉”，所以它又被称作“不老泉”。

④“耳顺”这种说法出自《论语》“六十而耳顺”，指的就是花甲之年。其含义据后世多人阐释，认为是人到了六十岁，由于阅历丰富，所以和人交往时，一般能够做到听其言而察其意，并且心态平和，极少出现由于受外界影响而违背本心的情况。

⑤摘自明代洪应明《菜根谭》。其寓意可以理解为夕阳近黄昏，依然无限好；烈士暮年，壮心不已。

悠然见南山
清
石涛

这一史实，东汉班固的《汉书·地理志》、应劭[⑥]的《风俗通义》和北魏郦道元的《水经注》等文献均有记载。遗憾的是，这一处滋养一方民众的清泉，历经岁月风霜，数百年前即已成为历史遗迹，仅留驻在历史画卷和后人的记忆中了。

⑥ 这个字读 shào，最初意思是“劝勉、自强”，后来也表示“高尚、美好”，例如“年高德劭”等。

扫描收听有声版

荷

hé

荷

“荷”上边的“艹”表示它的意思与花草有关，下边的“何”表示它的读音，上下合在一起表示我们非常熟悉的一种水生植物。

这种植物出淤泥而不染，花叶壮硕，花色娇美，根茎子实均是人间美味。因此，从古至今吟颂它的作品不胜枚举。例如南宋诗人杨万里《晓出净慈寺送林子方》中“接天莲叶无穷碧，映日荷花别样红”；再如汉乐府《江南》中“鱼戏莲叶间，莲叶何田田”，描述的是一池碧水荷叶如盖，些许鱼儿在茂密的荷叶间嬉戏穿梭。诗句中的“莲叶”是“荷叶”的另一种称呼，这是因为“莲”与“荷”指的是同一种植物，“莲花”亦即“荷花”。

小篆

隶书

楷书

行书

采莲图
清
包栋

然而，如果从更准确的意义上说，“荷”最初指的是这种植物的叶子，而“莲”指的则是它的子实①，也就是我们现在经常说的“莲子”。而且这种植物的不同部分还各有各的名称，比如我们很常见的“藕”就是它的根茎；而“芙蕖”则表示它的叶子；“菡萏”②指的是类似“穗”的部分，也就是口语中常说的“莲蓬”。当然，也有意见认为“菡萏”指的是未开花的花苞。

① 从客观上说，“子实”就是“籽实”，二者可以通用。但是用“子实”似乎更有拟人效果，也能够体现出更多情感方面的色彩。

② 这个词语的读音要注意，正确读音是 hàndàn。

更有意思的是，“荷”这种植物以及它的各个部分之所以有现在的名称，其中还包含着一些鲜为人知的理由。

例如“芙蕖”，原本作“夫渠”，而“夫”与“渠”这两个字都有“大”的含义，恰好符合荷叶较大的特征。与此相辅相成的是荷花最初也称“夫容”，即后来的“芙蓉”。这种名称也蕴含着荷花花形较大的意味。

出水芙蓉图
南宋
吴炳（传）

弘历观荷抚琴图

清

郎世宁

“菡萏”按照解释是荷花的“秀”，而“秀”本来的意思是植物的“穗”，后来也可以指植物的花；再根据“莲蓬”的主要特性就是包裹荷花子实“莲子”的，而“菡萏”这两个字里面的“函臽[3]”原本就有“凹陷、包含”等意思，所以认为“菡萏”指莲蓬比认为它指“花苞”或许更恰当。

③ 这个字读 xiàn，金文字形就像是一个人困在陷坑里了，最初意思就是“陷”或者“凹陷处”。

五彩加金鹭莲纹尊
清

荷花图
清
吴应贞

再行一步

与上面几种情况相比，最有意趣的大概要数这种植物为什么称作“荷”了。

按照段玉裁《说文解字注》引征的若干古代文献，“荷”这种名称是由于这种植物“大叶骇人”所致。因此，如何阐释“大叶骇人”就成了探究“荷”这种名称的津梁④。

一般情况下，比较硕大的事物对人来说，直接影响大致有两种：一是压迫感；二是由压迫感所引起的即时反应。

如果一种事物具有向人施压的情况，那么也就可以认为人会承受某种压力，而“荷”读作 hè 的时候，恰好就是“担负、承受”等意思，因为“荷”里面包含的“何”在甲骨文里就是人挑着担子的形象。

另外，从人受到硕大事物惊吓的反应着眼，一般人大概不外乎惊呼或惊叹，而“嗬”恰好就是表示惊讶的一个语气词，这个字里面包含的“荷”在古代刚好也有表示语气的用法。

因此，无论是上述哪一种原因所致，“荷”的得名都算得

④“津”指渡口，“梁”指桥梁。因此，“津梁”的大致意思就是用作引导的事物或过渡的方法与手段等。这个词常常被用在著作的名称里，表示“入门的基础”等含义。

莲池观音图
明
佚名

上是一个比较有趣的过程。

当然，荷花从古至今受到方方面面的推崇还是源于其自身的特性，与其名称的由来关系并不大。宋代周敦颐的《爱莲说》和朱自清先生的《荷塘月色》早已深入人心，李白、杜甫、苏东坡等文坛巨匠，几乎人人都有咏莲佳作。

就连超凡脱尘的佛教，我们在其中也常常能够看到“莲花”的影子：佛祖、菩萨往往打坐在莲花台上笑对众生，而且手中还常常握持莲花。据说莲花与佛教的渊源，主要因由是莲花本质上的至清。因此，佛教中还流传着莲花的“四德”“十善”之说。此外，《百缘经》《杂宝藏经》中还记录着“莲花公子”“莲花夫人”的动人故事。

扫描收听有声版

牡丹

mǔdan

牡丹

“牡丹”是一种多年生落叶小型灌木，花色艳丽，花形富丽堂皇，素有“花中之王”的美誉。例如唐代诗人刘禹锡《赏牡丹》：“唯有牡丹真国色，花开时节动京城。”

按照李时珍的说法：“牡丹，以色丹者为上，虽结子而根上生苗，故谓之牡丹。”这段话厘①清了“牡丹”这个名称的来源。

我们先看“牡”这个字。“牡”左边的“牛”是以牛为代表的动物，表示字的意思与动物有关；右边的“土”除了表示整个字的读音，古代学人还解读出多种意蕴。因为“牡”这个字最初指的是动物中的雄性，所以关于“土”的

小篆

隶书

楷书

行书

① “厘”具有“整理、治理、处理”等意思，这些意思反映在“厘定、厘清、厘正”等词语中。“厘”的这种意思以及这些词语都具有比较浓的书面语色彩。

孔雀玉兰牡丹
清
沈铨

解读也就围绕着“牡”的原始意义展开。

一种意见认为天地万物离不开土壤与水，水的至柔符合母性、雌性的本质，而土则可以视为具有雄性特质；还有一种意见认为“土”这个字本身就意味着男性的生殖器官，所以具有雄性的标志；此外，也有一些意见认为“牡”的右边不是“土”，而是“士”，“士”则无疑指的就是男性。

浅驼直径纱彩肃牡丹纹女单袍
清

因此，无论哪种意见，结论都指向“牡”所具有的雄性含义。

“丹”的甲骨文字形是采矿井架中有矿石晶体，最初意思就是指矿井之中的朱砂等，后来也指类似朱砂的颜色——朱红。

现在回头再看李时珍对“牡丹”的诠释。“丹”意味着牡丹花中最具代表性的颜色，而“牡”则意味着这种植物是单性繁衍，直接由根部生出新枝，而

山水花鸟册之牡丹
清
恽寿平

画牡丹
清
李培雨

不必通过雌雄花株授粉和孕育花籽。所以，“牡丹”实质上意味着单性繁殖的朱红色花卉。

我国古代大量吟咏牡丹的诗文也表明，这种花卉最具代表性的色彩就是如丹霞一般的鲜红，例如诗仙李白“一枝红艳露凝香，云雨巫山枉断肠”；王维“绿艳闲且静，红衣浅复深”；苏轼“清明过了，残红无处，对此泪洒尊前”等。

此外，像陆游的“欲持藤榼[2]沽春碧，自傍朱栏翦[3]牡丹”，虽然表面上说的是“朱栏”，实质上映射的却是牡丹的红艳。

② 这个字读 kē，指的是一种盛酒、饮酒的器皿，例如唐代皎然《酬秦山人出山见呈》：“手携酒榼共书帏，回语长松我即归。”陆游的诗句“欲持藤榼沽春碧”，意思就是心中生出携壶寻店家买青梅佳酿的念头。

③ 在许多古代文献中，“翦”的意思与“剪”相同。

再行一步

不过，身为花中魁首，堂堂国色天香的牡丹花，自然不会单凭朱红一种色彩走天涯。例如宋代诗僧释道潜《僧首然师院北轩观牡丹》：“深红浅紫忽烂漫，如似蜀锦罗庭中。姚黄贵极未易睹，绿叶遮护藏深丛。”诗中的牡丹花显然色彩纷繁，状若蜀锦。

上面诗文中“姚黄贵极未易睹”一句，其中“姚黄”指的是宋朝时洛阳姚氏家族培育出的一种名贵牡丹“千叶黄花”，其花朵的颜色就似灿亮的金色。

由于宋代是牡丹傲视群芳的盛世，人们不但争相赏花，而且有一技之长的弄花匠人还八仙过海，各自潜心培育稀世珍品。因此，当时苗圃竞技异彩纷呈，还出现了一种足以与“姚黄”比肩而立的称作“魏紫”的极品牡丹。这种牡丹为“千叶肉红”，花色绛紫，雍容华贵，出自洛阳城魏仁溥家。

从那以后，“魏紫姚黄”便成为名贵牡丹以至名贵花卉的代名词，例如宋代曹冠《凤栖梧·牡丹》中“魏紫姚黄凝晓露”；

画瓶花
清
郎世宁

牡丹仕女图
明
唐寅

还有元代萧德祥《戏文·小孙屠》中“一簇魏紫姚黄，竞舒罗绮[④]”。

关于“魏紫姚黄”，民间还流传着另一个不同版本的动人故事，说的是一位老实本分的黄姓樵夫和化作一株紫色仙草的仙女之间机缘巧合，暗生情愫，欲结百年之好的曲折故事，读来令人感动。

④ 这个字读 qǐ，意思是有花纹的丝织品。

扫描收听有声版

芍药

shǎoyao

芍藥

小篆

隶书

楷书

行书

“芍药”是一种多年生草本花卉，花形近似牡丹，但是名气却逊于后者。因为牡丹有“花中之王”的美誉，所以芍药也随之享有了“花相”的美名。追随着牡丹的步履，芍药也成为历史上文人雅士吟颂的对象。例如元代散曲家张可久《梧叶儿·春日书所见》：“蔷薇径，芍药阑[1]，莺燕语间关”，寥寥数语如饮墨之笔，勾勒出一幅小径雕栏花烂漫，莺歌燕语五月天的美景。

“芍药”的命名与它自身的特征以及这两个字的读音有很大关系。根据李时珍《本草纲目》以及多部历史文献记载，“芍药”这种植物，尤其是其花朵，身姿柔美、仪态温婉，恰似风姿绰约的

① 这个字本来是指门前的栅栏，后来也指所有的栏杆，意思与“栏”接近。

紫藤芍药

清

邹一桂

妙曼佳人，因此，人们就用与“绰约[②]”读音相近的“芍药”来命名这种植物了。例如《封神演义》：“妲己闻令，泪下如雨……婉转悲啼，百千娇媚，真如笼烟芍药，带雨梨花。”

② “绰约”也写作“婥约”。

就现在的普通话读音来看，“绰”与“芍”、“约”与“药”确实算不上有太高的相似度。然而，它们在古代的读音的确非常近似。就以“绰”和“芍”为例，这两个字里面各自都包含着表示读音的部分，即“卓”和“勺”。虽然这两个字目前在普通话中读音也不太接近，但是“勺”在一些地方话里，读音与“锁”大致相近，而“锁”和“卓”在普通话里的韵母则完全相同。

另外，即使从普通话读音考察，包含“卓”的“焯、棹、淖[③]”等字，它们的韵母都与“芍”完全一样；而包含“勺”的“灼、妁[④]”等，与“绰”的韵母也完

③ “焯”读作 chāo，意思是把青菜等食材投到沸水中短时间烹煮并迅速捞出；“棹”读作 zhào，指的是一种类似桨的划船工具；“淖”读作 nào，意思是泥沼、烂泥等。

④ “灼”读作 zhuó，意思是用火烧炙；“妁”读作 shuò，指的是媒人，如“父母之命，媒妁之言”。

芍

芍药图
清
华嵒

芍药扇面
清
恽寿平

全相同。这就表明，“卓”和“勺”以及“绰”与“芍”，它们在古代的读音一定比较接近。因此，才会出现由于“绰约”而给“芍药”命名的现象。

竹枝芍药
清
邹一桂

至于“芍”这个字本身，它最初指的是一种水生植物，根据《说文解字注》，这种植物就是现在称为“荸荠”或“马蹄”的植物。“药”指的则是一切具有治病效用的植物。

再行一步

然而，“药”这个字以前写作“藥”，它的下面是“音乐”的“乐”的繁体字形“樂”，表示的是“藥”的读音。“药”这个字目前在一些地方话里，读音确实与“乐”接近。

此外，“樂”在“藥”这个字里面除了表示读音之外，有些情况下，它与整个字的意思也有关联。例如韩愈《晚秋郾城夜会联句》中“两厢铺氍毹[⑤]，五鼎调勺药”，这里的“勺药”指的可不是名为“芍药”的那种花卉，而是表示“五味调和”的意思。

“勺”是一种盛装东西的器物，在“勺药”中显然表示进行调和的工具，那么，“药”必然就体现了调和这种行为的本质。就“药”本身的特性以及它在人体中发挥效能的过程看，自然涉及多种成分的配伍以及人体多种器官功能的协同。因此，“药”毫无疑问蕴含着“调和”之意。

现在的问题是，“药”的繁体字形中所包含的“樂”，它除了表示整个字的读音之外，是否也蕴含着“调和”的寓意。

⑤ 这个词读作 qúshū，最初指的是用羊毛等材料织成的地毯，后来由于这种地毯常常被铺在舞台上，所以它也就逐渐成为“舞台”的代名词。

芍药
清
郎世宁

荀子《乐论》中有“乐合同，礼别异”这样的表述，其基本意思是：音乐的本质是把个性色彩鲜明的不同音符组合成无穷无尽的美妙乐章，每一曲乐章都是调集、协调不同音符的结果；而礼法制度则重在区分人或事物中每一个个体之间的差异，其目的是让每一个个体都能各安其位、各司其职。由此可见，“乐合同”的基本点一是调和，二是和谐，“同”在这里指的是和谐，而不是相同。

当然，这里的“药”在彰显“调和”意味的同时，按照古代一些文献的说法，它的读音却不是 yào，而是近似 lüè。

扫描收听有声版

玫
瑰

méigui

玫瑰

“玫瑰”指的是一种蔷薇科落叶灌木，茎枝有刺，花形漂亮，是人类爱情中的“常青花”。

然而，就字形考察，“玫瑰”这两个字的左边都是“玉”字的变形，表明它们最初的意思可能都和玉或玉石有关，与花草似乎并不沾边。

事实的确如此。“玫瑰”最初指的就是一种产于南方并被称作“火齐珠”或“火珠”的玉石。例如《韩非子·外储说左上》所记载的“买椟①还珠”故事：“缀以珠玉，饰以玫瑰，辑以翡翠。”

但是，对于这种石头具体指的是什么，历来众说纷纭，并没有形成统一意见。当然，对于“玫瑰”后来用作植物和花

小篆

隶书

楷书

行书

① 这个字读 dú，指的是小盒子或柜子等。

玫瑰双禽图
清
任伯年

玫瑰

卉的名称，一般都认为是由于美石“玫瑰”与后来的花卉“玫瑰”颜色近似，所以花卉借用了美石的名称。

当今时代，玫瑰花无疑是情人节、婚礼仪式的重要角色，所以它也早已经成为许多女性装点浪漫梦想的尤物。但是，是什么原因使玫瑰花与爱情结下不解之缘，直到如今也还没有十分明确的答案。

有些人认为，把玫瑰与爱情联系到一起其实源自一个美丽的误会，因为玫瑰原本一年一开花，故数量有限；而与玫瑰近似的月季却是常年开放，足以满足丘比特靶标们源源不断的表白需求。因此，真正的爱情之花应当是月季。

玫瑰椅
明

诚然，这样的美丽误会尽管不能排除其真实性，然而，一些古代文献中也还存在着若干可供探究的其他线索。例如晚唐“花间派”代表人物温庭筠，他的不少作品都涉及丝丝缕缕的闺情，像

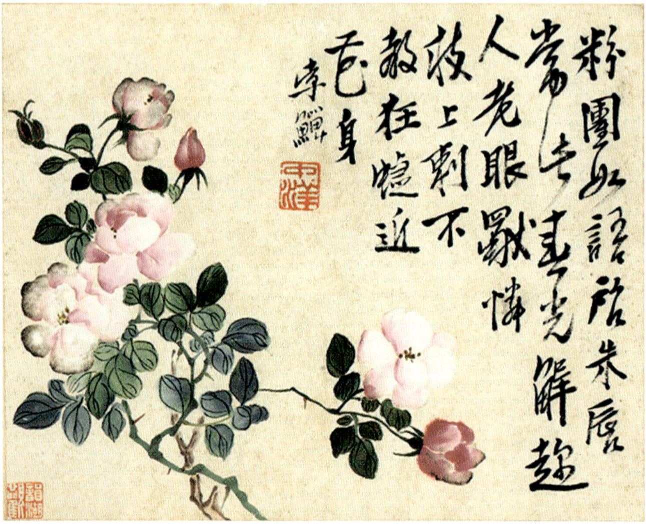

玫瑰
清
李鱓

玫瑰碗
清

《舞曲歌辞·屈柘[②]词》中便有“杨柳萦桥绿，玫瑰拂地红”，温婉的景致呼应着脉脉柔情。

此外，古书《西京杂记》里面的“乐游苑[③]自生玫瑰树，树下多苜蓿……茂陵人谓之连枝草”这段话，清楚地表明玫瑰和苜蓿之间存在着难解难分的关系。而“苜蓿”的别称“连枝草”，则又明显契合了“在天愿为比翼鸟，在地愿为连理枝”的主旨。再者，有关苜蓿代表爱情的传说也存在着跨越地域的若干种不同版本。

可见，玫瑰用于表露爱意，或许蕴藏着多种可能的来源。

② 这个字读 zhè，原本指的是一种比较贵重的落叶灌木或乔木，其树叶可以养蚕，例如宋代范成大《马鞍驿饭罢纵步》：“今年蚕出迟，柘叶分寸长。”

③ 这个字的声调是第四声，原本指种植树木、豢养动物的场所，与“园”的意思有差别。注意不能与“园”相混，也不能读成第二声。

再行一步

看起来，“玫瑰”能够运用于两情相悦时，其来源无疑是一桩悬案。与此同时，这个过程本身也会给我们带来不少寻踪探源的乐趣。

此外，“玫瑰”这种名称本身的来历，其实也是引发我们好奇心的一种动因。

按照《本草纲目》的说法，这种在《说文解字》里称作“火齐珠”的玉石，正是《汉书》里称为“玫瑰”的东西。而在《旧唐书》中，谈及这种“火珠”来源的时候，说它“大如鸡卵，圆白皎洁，光照数尺，状如水精，正午向日，以艾承之，即火燃”。可见，这种被称为“火齐珠”或者“火珠”的宝贝，完全是由于它具有折射阳光并引燃艾炷[④]的作用，所以才与“火”产生了关联。

而根据《本草纲目》引征东汉杨孚《异物志》的说法，“玫瑰”又跟含有多种金属元素的矿石“云母”相关，恰巧不少云母矿石的色泽一般都比较暗淡。因此，有意见认为，参考《庄子·知

④ 这个字是一炷香的“炷”，原本指灯芯。注意不能与“柱”相混。

玫

玫瑰碟
清

北游》“媒媒晦晦”，由于“媒”含有光线昏暗的意思，而“玫”与“媒”读音相同，所以“玫瑰”的“玫”应当是借了“媒”所隐含的色泽暗的意思。

不过，即使“玫”与“媒”音、义皆相通的意见成立，也不能就此定论，因为“媒”还有另外的意思。其实“媒”原本指媒人，也就是一种中介，那么，参照“玫瑰”具有折射阳光并引燃艾炷的事实，我们不难看出“玫瑰”的“介质”含义，因为“瑰”无疑是指圆形或球形的玉石，所以“中介物质”的含义只能由“玫”来承担了。

扫描收听有声版

月季

yuèjì

月季

“月季”指的是一种常绿或半常绿灌木，生长地域横跨东西、纵贯南北，因此当选为我国五十多个城市的“市花”，是一种十分常见和重要的观赏植物。

月季由于花期长，又名月记、月月红、月贵花、长春花、四季花等等，例如清朝康熙年间福建莆田才女苏芳济曾作《长春花》绝句：“淑气初融日影斜，巡檐小立惜芳华。莫疑点染胭脂色，开向东风夺晚霞。”

此外，宋朝诗人杨万里亦曾作《腊前月季》：“只道花无十日红，此花无日不春风。”宋代著名政治家、文人韩琦也曾有词吟咏月季花：“何似此花荣艳足，四时长放浅深红。”宋代书画诗

小篆

隶书

楷书

行书

月季
清
郎世宁

词俱佳的文人宋祁在《益部方物略记》中详述月季花是："花亘①四时，月一披秀②，寒暑不改，似固常守。"宋氏对月季花的这种论述后来还被明末清初屈大均《广东新语》、清乾隆年间进士李调元《南越笔记》等多部文献引用。

由于月季原产我国，而且历史悠久，所以历代文献对它的记载也非常多，例如宋代吴自牧的《梦粱录》、明代李时珍的《本草纲目》等等。

"月"这个字的甲骨文字形是月牙形状，最初指的就是月亮。按照古代一些人的解释，月亮原本就存在着圆缺等多种形态，而且在甲骨文中为了与圆形表示太阳的"日"有所区别，所以就选择了圆的一部分来表示。

由于月圆月缺存在着固定的周期，而且这种周期性变化恰好对应于农历的一个月，所以"月"后来也就具有了表

① 这个字读 gèn，最初意思是上下盘旋回转，后来就有了在空间和时间上跨越、贯通等意思，例如"亘古未有"等。

② "披秀"指的就是开花。

四时花鸟册（之一）
明
陈洪绶

月季

示时间周期的含义。

“季”的上面是“稚”的省略，下面是“子”，合在一起表示“年幼的、排行在后的”等意思，例如唐代韩愈《唐故朝散大夫商州刺史除名徙封州董府君墓志铭》：“长女嫁吴郡陆畅，其季女，后夫人之子。”

由于含有时间上靠后的意思，所以“季”后来也可以表示每一个季节的最后一个月，例如柳宗元《时令论上》：“季冬讲武，习射御。”再往后，“季”也就有了表示季节的意思。

再行一步

月季花除了装点四季，给我们日常生活带来美的享受之外，它还具有驱除疾患、使人的身体保持健康等作用。例如，根据《本草纲目》《泉州本草》《分类草药性》等多部药学文献，月季花具有活血化瘀、消肿止痛、调理月经以及治疗肺虚咳嗽等功效。

正是由于月季花的药理功效，所以民间还流传着一个与此相关的美丽故事。

故事大意是有一位普通人家的女孩，名叫玉兰，长大后出挑得温婉可人、亭亭玉立，的确是人如其名。因此，四邻八方的青年才俊均慕名前来，请托媒人上门求亲，而且其中还不乏家世显赫、家境富裕的贵胄子弟。可是玉兰对这一切却并不上心，因为她心里一直存着一桩心事，那就是她母亲常年咳嗽、咯③血，虽多方求医用药，依然收效不大。终于，玉兰背着父母张榜求医："治好吾母病者，小女愿以身相许。"

过了若干天之后，一位名叫长春的男青年揭榜献方。玉兰母亲照方服药之后，果然痊愈。于是玉兰不负约定，与长春结

③ 这是个多音字，读 kǎ 的时候，意思是用力使东西从咽喉或气管里出来；读 gē 的时候，用作象声词；读 lo 的时候，表示语气，意味着出现了某种变化或者出现了某种新情况，例如"下雪咯"等；读 luò 的时候，主要用于某些化合物的音译名称，例如"吡咯"等。

月季
清
居廉

为秦晋之好。婚后，当玉兰问起长春用什么神奇的药医好了母亲的病时，长春说主要用的就是月季花。

扫描收听有声版

杜鹃

dùjuān

杜鹃

小篆

隶书

楷书

行书

“杜鹃”是一种落叶灌木，品种极多，花色艳丽，开花时花朵缀满枝头、簇拥繁茂。在全世界900多种杜鹃花中，我国约有560多种，是当之无愧的杜鹃花国度。

杜鹃又名山石榴、映山红等，其名称显然源自大多数杜鹃花都颜色鲜红这种特征，因为“五月榴花红似火”，石榴开花也是一片火红。因此，南宋书法家吴琚[①]才有“晚霞犹在绿荫中”的咏石榴花诗句。

历代文人吟颂杜鹃的诗词也不在少数，例如唐朝诗人韩偓[②]《净兴寺杜鹃一枝繁艳无比》：“一园红艳醉坡陀，自地连梢簇蒨[③]罗。”还有白居易咏杜鹃的

① 这个字读 jū，是古代的一种佩玉，例如《诗经·卫风·木瓜》：“投我以木瓜，报之以琼琚。”

② 这个字读 wò，“偓佺”是古代传说中的仙人。

③ 这个字读 qiàn，意思是草木茂盛。另外，也有意见认为它还指某种植物；而且这个字也与“茜”音义相通。

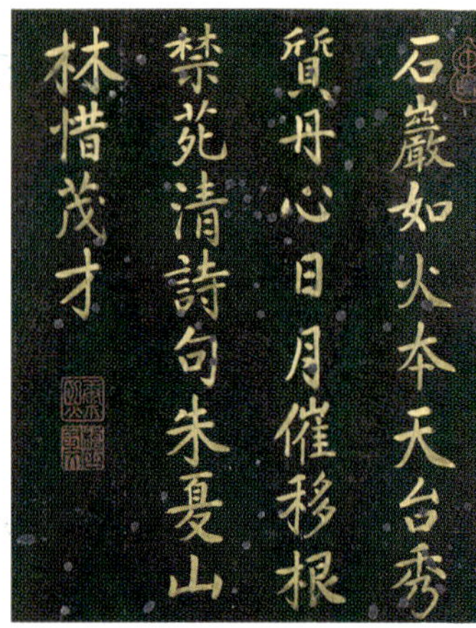

杜鹃
清
蒋廷锡

名句："玉泉南涧花奇怪，不似花丛似火堆。"看起来，杜鹃的火红已经嵌入人的眼帘、沁入人的心脾。

另外，根据文献记载，杜鹃也称"山踯躅[4]""羊踯躅"等。李时珍《本草纲目》引南北朝著名道学家、药学家陶弘景论述"羊食其叶，踯躅而死，故名"。可见，这种称作"羊踯躅"的植物毒性还不小。因此，也有古代文献称之为"闹羊花、羊不食草"等。

但是，参照另外一些古代文献并详加考证之后，李时珍认为根据花色应当将这种植物分为两类，"有红者、紫者、五出者、千叶者。小儿食其花，味酸无毒。一名红踯躅，一名山石榴，一名映山红，一名杜鹃花。其黄色者，即有毒羊踯躅也"。显然，"杏林[5]大师"一方面还了"杜鹃花"无毒的清白；另一方面也给"羊踯躅"做了正名工作。依照明初陈

④ 这个词读 zhí zhú，意思是徘徊不前。

⑤ "杏林"指的是中医药界，典故出自三国时期名医董奉。据东晋道学家葛洪的《神仙传》，董氏诊病医病不取分文，而是让人在病愈之后到他所居山谷种植数量不等的杏树。久而久之，杏树渐渐充盈山谷，蔚然成林。

榴花小景
明
陆治

嘉谟编著的《本草蒙筌》，有毒“羊踯躅”又称“黄杜鹃、黄踯躅”等。

就“杜鹃”这种名称来看，“杜”虽然最初指的是一种也称为“甘棠”的植物，但是这种意思应当与“杜鹃”无关；而“鹃”指的显然是某种飞禽，与植物“杜鹃”似乎更不相干。因此，“杜鹃”这个名称大概最初指的是一种禽鸟。

事实正是如此，“杜鹃”乃是传说中啼血的“子规”。

漓江满山红
清
居廉

再行一步

按照陆游祖父，宋朝时官至尚书左丞并被追封为楚国公的陆佃《埤[6]雅·释鸟》：“杜鹃，一名子规。”可见，“杜鹃”指的就是又称作“子规”的鸟。

关于子规鸟，古代许多文学作品中都能看到它的影子，例如杜甫《子规》：“两边山木合，终日子规啼。眇眇[7]春风见[8]，萧萧夜色凄。”再如李白《闻王昌龄左迁龙标遥有此寄》：“杨花落尽子规啼，闻道龙标过五溪。我寄愁心与明月，随君直到夜郎西。”几乎在所有作品中，只要有“子规”出现，一种凄凉的愁绪便如烟似雾，挥之不散。这是什么原因呢？

原来，根据民间传说，“子规”乃是古代蜀国一位名叫“杜宇”的贤明君主的化身。有说他化身为鸟是极度忧虑臣民嬉玩忘本，于是提醒他们莫忘桑农，所以叫声是“布谷！布谷！”也有传说是他把君主之位禅[9]让给一位贤能的大臣鳖灵，自己则带着挥之不去的愁思恋恋不舍地离去，所以它的叫声类似“不如归去！不如归去！”正像宋代词人康与之的《满江红·杜鹃》所云“镇

⑥ 这是个多音字，读 pí 的时候，表示增加；读 pì 的时候，指的是城墙上的矮墙。在这里用的是前一种读音和意思，“埤雅”意味着对较早的辞书《尔雅》的增补。

⑦ 这个字读 miǎo，最初意思是一只眼睛瞎，后来也表示微小、微弱等。

⑧ 这是个多音字，表示“显露在外，能让人看到”这种意思时，读 xiàn，意思与“现”相同。

玉堂富贵图（局部）杜鹃鸟
五代
徐熙

日叮咛千百遍，只将一句频频说。道不如归去不如归，伤情切。”

而且，在许多传说中，“子规”都是一边鸣叫，一边啼血，所以“子规啼血”“杜鹃啼血”就成为哀痛至极的代名词，例如宋代词人贺铸《子夜歌·三更月》：“三更月，中庭恰照梨花雪。梨花雪，不胜凄断，杜鹃啼血。”而且，据说伴随着杜鹃鸟的啼叫，从它口中涌出的滴滴鲜血浸染花丛，于是便形成了漫山遍野鲜红的杜鹃花。

⑨ 这是个多音字，表示“君主把帝王之位让给别人”这种意思时，读 shàn。

扫描收听有声版

扶桑

fúsāng

扶桑

“扶桑”是多见于我国华南地区的一种灌木，树叶卵形，花冠较大，花色艳丽，以红为主，也有白、黄等颜色，全年开花，是著名的观赏植物。明朝李时珍在《本草纲目》中记载：“扶桑产南方，乃木槿别种。其枝柯柔弱，叶深绿，微涩如桑。其花有红、黄、白三色，红者尤贵，呼为朱槿。”清代吴震方的《岭南杂记》也说：“扶桑花，粤中处处有之，叶似桑而略小，有大红、浅红、黄三色，大者开泛如芍药，朝开暮落，落已复开，自三月至十月不绝。”

如此美丽的植物，只是听听解释也足以令人心向往之。然而，这还并不是“扶桑”这种名称的源头。

小篆

隶书

楷书

行书

花卉写生图册
五代
黄居寀

扶桑

因为，“扶桑”在传说中，原本是远古时期的一种神树，按照《山海经》《海内十洲记》等文献记载，它是“多生林木，叶如桑……树长者二千丈，大二千余围。树两两同根偶生，更相依倚，是以名为扶桑也”。可见，“扶桑”名称的由来，一是由于其树叶与桑叶近似；二是由于两树同根且互相依偎的生长特性。

“桑”本来是个树木形状的象形字，指的就是可以养蚕的桑树；而“扶”的左边是“手”，右边是用簪子束发的成人形象“夫”，合在一起表示搀扶、扶持。所以，“扶桑”就意味着相互依靠、彼此扶助的树木。

根据传说，“扶桑”的生长之地名叫“汤谷”，那里是太阳升起的地方，比如东汉文学家王逸的《楚辞章句》等文献就曾说：“汤谷上有扶桑，十日所浴”，“日出，下浴于汤谷，上拂其扶桑，爰[①]始而登，照曜四方”。看起来，“扶桑”

① 这个字读 yuán，意思与“援”相同，表示“引、援引”等意思。

马王堆帛画（局部）扶桑树
西汉

花鸟小品
清
恽寿平

应该终日与太阳为伴，而且还是“后羿射日”之前的十个太阳。因此，后来“扶桑”也就有了“太阳”的意思，例如屈原《楚辞·九歌·东君[②]》：“暾[③]将出兮东方，照吾槛兮扶桑。”

托日而出的扶桑，挺拔高大的扶桑，艳丽沃若的扶桑……无论哪一个是她的真身，她的灵魂都已经深深植根中华文化的沃土，并且滋养着千千万万华夏儿女。

② 由于日出东方，所以“东君”是对太阳的一种尊称和雅称。我国古代对太阳的称呼多达数十种。

③ 这个字读 tūn，最初意思是太阳刚刚升起。后来也指刚刚升起的太阳。

再行一步

由于是东方日出之地的神树，所以“扶桑”后来就有了表示“东方”的意思，例如西晋左思的《吴都赋》：“行乎东极之外，经扶桑之中林”。

此外，与我中华大地一衣带水的日本恰好位于我国的东面，所以“扶桑”后来也可以指“日本”。例如鲁迅《送增田涉君归国》：“扶桑正是秋光好，枫叶如丹照嫩寒”；再如郭沫若《沁园春·祝中日恢复邦交》：“赤县扶桑，一衣带水，一苇可航”。

“一苇可航”这种说法最早出自《诗经·卫风·河广》：“谁谓河广，一苇杭[4]之。”意思是：谁说黄河河面宽广，用芦苇编成筏子就可以横渡。所以“一苇可航”后来就用来比喻水面并不宽，两岸距离近。

一般认为，《诗经》里的这首诗是客居在卫国的宋国人因为思念家乡而咏叹，原因是诗中还有“谁谓宋远，跂[5]余望之”。

但是，也有一种意见认为这是宋襄公的母亲，也就是卫文公的妹妹回到故国之后，由于思念儿子所咏叹。这就牵涉到春

④由于“杭”与“航”读音相同，字形相近，所以这里的“杭”代替的正是“航”。

⑤这是个多音字，读 qí 的时候，表示足部多生出了脚趾；读 qǐ 的时候，意思与“企”相同，就是抬起脚跟用脚尖站立。这里是第二种读音与意思。

秋战国时的一桩旧闻了。

根据《左传》等文献记载，宋桓公的正妻，也就是宋襄公的母亲由于听闻故国遭受外敌滋扰、情势堪忧，所以不顾失去宋桓公正妻地位的后果，决意归国助兄长一臂之力。后来卫国大势安定之后，宋襄公的母亲却难以返回宋国了，母子二人只能隔河相望，绵绵思念无尽期。

再往后，宋襄公便命人在横亘于卫、宋两国之间的黄河南岸筑起了“望母台”，不时登台面向西北，遥望对岸的卫国，寄托对母亲的无限思念。而且在他百年之后，按照他生前的嘱咐，“望母台”又变成了他的陵寝。现在，这处遗址就在河南省睢⑥县境内。

⑥ 这个字读 suī，除了用于地名，也出现在一些词语当中，例如“恣睢”，它的意思是任意妄为、胡作非为等。

扫描收听有声版

若木

ruòmù

木槿

“若木”指的是神话传说中远古时期的一种树。《山海经》里面就曾经数次提到过它，例如《山海经·大荒北经》：“大荒之中，有衡石山、九阴山、泂①野之山，上有赤树，青叶赤华，名曰若木”；还有《山海经·海内经》：“南海之内，黑水青水之间，有木名曰若木，若水出焉”。

再参照郦道元《水经注》“灰野之山有树焉，青叶赤华，厥②名若木。生昆仑山西，西附西极也”；还有《淮南子》“若木在建木③西，末有十日，其华照下地”等记载，我们可以获得这样一些信息：第一，若木是绿叶红花；第二，它生长在西北方的擎天柱昆仑山上；第三，它的树梢挂着十个太阳。

若木

小篆

若木

隶书

若木

楷书

若木

行书

① 这个字读 jiǒng，最初表示寒冷，后来由于与“迥”音同、形近，因此也可以代替“迥”表示“远”的意思。“泂野”是远古时期某座山的名称。

② 这个字读 jué，在这里表示“其、它的”等意思。

③ 这是古代传说中位于大地中央的一种神树，是通往天神世界的天梯。也有一种说法说它生长在西边的昆仑山。

青铜神树（扶桑 / 若木）
三星堆

树梢挂着十个太阳这种说法，与东极神树“扶桑”的传说简直如出一辙。李白的《上云乐》就有诗句云：“西海栽若木，东溟植扶桑。”而屈原的《楚辞·天问》中“羲和[4]之未扬，若华何光”，更是直接道出了如果太阳没有出来，若木的花怎么可能光芒四射呢？

④ 这个词有若干种意思，既表示太阳，也指为太阳驾车的车夫，另外还有其他意思。

然而，古代也有人认为“扶桑”和“若木”指的其实是同一种神树，只不过在东方时称“扶桑”，在西方时则叫“若木”。也有人认为它们原本就是同一种树的不同名称，所以在东方时也可以称之为“若木”，例如唐代李峤的诗《日》：“旦出扶桑路，遥升若木枝。云间五色满，霞际九光披。”李贺的《苦昼短》：“天东有若木，下置衔烛龙。”宋代赵以夫的《万年欢》：“蓬莱外，若木扶疏，万年枝上长好。”

有关“若木”名称的由来，古代有人认为是由于这种传说中的树外形很像桑树，

花木

花卉
清
倪耘

所以寓意“好像桑木”。

而“若”之所以具有“好似”“假如”等意思，与它最早的意义是有关联的。

“若”的甲骨文字形是一个人用手理顺头发的形状，最初意思是“理顺”“顺”等。“顺”则隐含着“从”的意思，而如果跟从某种事物或人，那么，就可以看作是以那种人或事物为标志，目标是做到与其相似。我们现在比较常用的“假若”，其实也暗含着“假设出现某种类似的情形”这种意思。

再行一步

“若木”除了表示树木，其实它还是古代一位名人的名字。

徐若木，其父乃是辅佐大禹治水有功的伯益。他是伯益的次子，由于父亲的功业而被封在古代的徐城并建立徐国，遂成为徐姓的得姓始祖。

按照远古帝位“禅让制”，原本大禹已将部族联盟首领的位子禅让给伯益，但是，不曾想大禹百年之后，他的儿子夏启却挑起了争端。夏启决意废除“禅让制”，转而用家族内部子孙相继的“世袭制”取而代之。因此，夏启与伯益便不得不兵戎相见，最终夏启杀死伯益继承了帝位。这一事件也正式拉开了中国历史上王位世袭制的序幕，并且影响中国数千年。

当然，徐若木所建立的徐国由于地处远离王畿⑤的偏远地区，所以当时他得以偏安一隅，专心经营他自己的领地。

当徐若木建立的徐国传到他的第三十二代孙徐偃⑥王时，徐国的国力已然今非昔比，周边三十多个小国都成为向它进贡的属国。因此，徐国从国都城墙的制式再到其他方面，均开始

⑤ 这个字读 jī，意思是国都周边的广大地区。“王畿”指的是君主直接管辖的区域。

⑥ 这个字读 yǎn，意思是仰面倒下。“偃旗息鼓”的意思就是把军旗放倒并停止击鼓，意味着秘密行军或者止息战斗等。

伯益之子徐若木

突破周朝对诸侯国的管理制度。这一切无疑引起了周王朝的警觉与猜忌，结果是又一次较大规模的兵戎相见。

但是这一次，据说徐偃王由于不忍生灵涂炭、民不聊生，所以不战而退，自己主动退隐到山中。而且，敌对的周王朝恰好也充分领会了徐偃王的用意，因此双方握手言欢，徐国得以继续存在。

虽然后来徐国被楚国削弱，最终又被吴国所灭，但是在徐国存世的1600年时间里，产生于那里的灿烂文化，如青铜铸造、彭祖养生等，却一直在中国历史上发挥着巨大影响，而且还成为吴、楚文化的重要源头。

扫描收听有声版

茉莉

mòlì

茉莉

茉莉

小篆

茉莉

隶书

茉莉

楷书

茉莉

行书

“茉莉”是一种半落叶性灌木，茎枝多且柔软，初夏开花，花色洁白，香气袭人，是制作香水、熏制茶叶的主要原料。

万花丛中，茉莉或许并无抢眼的风姿，但是，暗香徐来，却使它成为人世间独一无二的芳香翘楚[①]。由于它的清香，历朝历代吟咏它的诗词曲赋大都携有清新的味道。

相对而言，宋代吟诵茉莉的文人与作品尤多。例如姚述尧《行香子·茉莉花》：“香风轻度，翠叶柔枝。与王郎摘，美人戴，总相宜。”施岳《步月·茉莉》：“玉宇薰风[②]，宝阶明月，翠丛万点晴雪。”刘克庄《茉莉》：“一卉能熏一室香，

① “翘楚”指的是杰出的人才或事物。这种说法源自《诗经·周南·汉广》：“翘翘错薪，言刈其楚”，意思是树木上长得比较突出的枝条一般先被剪掉。也有说成“翘秀”或“翘材”的。

② “薰风”指夏季由南向北吹的风，例如白居易《首夏南池独酌》：“薰风自南至，吹我池上林。”

花卉写生图册
五代
黄居寀

炎天犹觉玉肌凉。”而姜夔[3]的《茉莉》则是更加直白地道出：“他年我若修花史，列作人间第一香。”

③ 这个字读 kuí，是传说中一种和龙相像的神兽。许多青铜器上都有“夔龙纹”。

由此可见，茉莉花的清香早已沁入人的肌骨，畅达四肢百骸，留驻五脏六腑。因此，历史上才会出现以茉莉花焚香的传统。例如明代杨慎《词品·心字香》就引宋朝范成大《骖[4]鸾录》：“番[5]禺人作心字香，用素馨茉莉半开者著净器中，以沉香薄劈层层相间，密封之，日一易，不待花蔫，花过香成。”然后他为“心字香”做注说：“所谓心字香者，以香末萦篆成心字也。”

④ 这个字读 cān，一般认为指的是同驾一车的三匹马，然而按照段玉裁《说文解字注》的考释，他认为应当是指辕马旁边起辅助作用的马。后来这个字也表示驾车的马或马车，例如白居易《和栉沐寄道友》：“停骖待五漏，人马同时闲。”

⑤ 这是个多音字，表示广东境内“番禺”这个地名时，读 pān。

“心字香”和它的母体茉莉花一样，同样也是诗词曲赋中的常客。例如宋代杨万里《谢胡子远郎中惠蒲大韶墨报以龙涎[6]心字香》：“送似龙涎心字香，为君兴云绕明窗。”还有宋代蒋捷《一剪梅·舟过吴江》：“何日归家洗客袍，

⑥ “龙涎”是古代一种凝如蜡脂的名贵香料。据传说乃是龙的唾液形成，故名。

茉莉

对镜仕女图
明
陈洪绶

银字笙调，心字香烧。”

当然，袅袅熏香既可以助至亲好友相守相聚之兴，自然也可以陪伴心有千千结的离人和旅人，在清代才子纳兰性德笔下，“心字香”便成为寄托怅然愁绪的一种标志物。例如《梦江南·昏鸦尽》：“昏鸦尽，小立恨因谁？急雪乍翻香阁絮，轻风吹到胆瓶梅，心字已成灰。”寂寞黄昏，门开处佳人俏立，轻风舞动漫天飞雪，飘入香阁、轻抚瓶梅，

白茉莉
南宋
佚名

茉莉舒芳图
南宋
马麟（传）

一缕馨香渐已成灰。这是怀有何种情思的女子，料峭春寒中竟如痴如醉，超然物外，浑然不觉时间的流逝！

不过，茉莉虽香，而且在我国亦生根日久，它却是地地道道的舶来物。据记载，茉莉原产印度、巴基斯坦等地，大约在汉代时传入我国。例如李时珍《本草纲目》：“茉莉原出波斯，移植南海，今滇、广人栽莳⑦之。”

⑦ 这是个多音字，读 shí 的时候，用于一种植物的名称“莳萝”；读 shì 的时候，表示“移植、栽种”等。

簪花仕女图（局部）
唐
周昉

再行一步

关于茉莉，《本草纲目》还说：“稽含《草木状》作末利，《洛阳名园记》作抹厉，《佛经》作抹利，《王龟龄集》作没利，《洪迈集》作末丽。盖末利本胡语[8]，无正字，随人会意而已。”

可见，李时珍参照“茉莉”在不同典籍中的用字差异，一语道破这是一种音译名称，于是才出现了因人而异的不同写法。

然而，在成书于宋代的《爱日斋丛钞》[9]中，却有这样一段话：

末利之名，王龟龄[10]詹事题为末利花，又多作抹利花，且注其诗曰：“抹利，见佛经《名义》，或末究，或云‘没者，无也。’谓闻此花香者，令人觉悟而好利之心没，故前作‘没利’，此作‘抹利’。”

从上述这段话中不难看出，“茉莉”之名虽然来源于音译，但是用字方面却并非全无思量，这正像现在用“奔驰”音译某个汽车品牌、用“香波”音译“洗发水”一样，汉字以及汉语语词的含义都被巧妙地融入其中了。

而且，把“茉莉”写作“末利”这种形式，在我国古代也

⑧ 指居住在西北方的其他民族的民族语。

⑨ 关于该书著者存在着不同看法：一说著者佚名，乃无名氏所著；一说为南宋人叶寘（zhì）。但是关于此公名讳也有说是“叶厘”的。书名中的“钞”，也有用“抄”的情况。

⑩ 南宋政治家、诗人，名“十朋”，号“梅溪”，“龟龄”是他的表字。他曾被任命为主管太子宫内事务的太子詹事。

花卉写生图册
五代
黄居寀

曾经有过其他传说。其中一种传说的大意是：

以种茶为业的几兄弟，由于父亲不经意在大哥的茶园里种了几株茉莉，结果使大哥的茶叶陡然走俏而产生了矛盾，于是几位兄弟要跟大哥分利润，否则就要毁掉茉莉。得知这种情况之后，乡里一位年高德劭的老者一语点醒梦中人，他教导几位兄弟要把“个人私利放到末尾”，兄弟同心，一起种好茉莉，打理好茶园，共同致富。几个兄弟听了老人的话，果然齐心协力，大家的日子也都越过越红火。最后，他们就把那种使大家伙儿走上致富之路的神奇植物起名为“末利”花了。

图书在版编目（CIP）数据

花草字传．四季群英 / 张一清著．—济南：山东友谊出版社，2016.7

ISBN 978-7-5516-1068-1

Ⅰ．①花… Ⅱ．①张… Ⅲ．①汉字—通俗读物 Ⅳ．①H12-49

中国版本图书馆 CIP 数据核字 (2016) 第 163122 号

策划编辑：姜海涛
特约策划：龙朝朝
内文插画：田坤工作室
责任编辑：陈　菁
装帧设计：姜海涛
排版制作：安树仁

主管单位：山东出版传媒股份有限公司
出版发行：山东友谊出版社
地　　址：济南市英雄山路 189 号　邮政编码：250002
电　　话：出版管理部（0531）82098756
　　　　　市场营销部（0531）82098035（传真）
印　　刷：山东临沂新华印刷物流集团
版　　次：2016 年 8 月第 1 版
印　　次：2017 年 1 月第 2 次印刷
规　　格：135mm × 185mm
印　　张：4.25
字　　数：70 千字
定　　价：32.00 元